DAILY
Planner

Name : ....

Phone : ....

Daily planner

M T W T F S S   DATE :

TODAY'S PRIORITIES

TO-DO LIST

- [ ]
- [ ]
- [ ]
- [ ]
- [ ]
- [ ]

SCHEDULE

TODAY I'M GRATEFUL FOR

7"

8"

9"

10"

11"

12"

1"

2"

3"

4"

5"

6"

Daily planner

M T W T F S S   DATE :

TODAY'S PRIORITIES

TO-DO LIST
- [ ]
- [ ]
- [ ]
- [ ]
- [ ]
- [ ]

SCHEDULE

TODAY I'M GRATEFUL FOR

7"
8"
9"
10"
11"
12"
1"
2"
3"
4"
5"
6"

Daily planner

M T W T F S S   DATE :

TODAY'S PRIORITIES

TO-DO LIST

- [ ]
- [ ]
- [ ]
- [ ]
- [ ]
- [ ]

SCHEDULE

TODAY I'M GRATEFUL FOR

7"

8"

9"

10"

11"

12"

1"

2"

3"

4"

5"

6"

Daily planner

M T W T F S S   DATE :

TODAY'S PRIORITIES

TO-DO LIST

- [ ]
- [ ]
- [ ]
- [ ]
- [ ]
- [ ]

SCHEDULE

TODAY I'M GRATEFUL FOR

7"
8"
9"
10"
11"
12"
1"
2"
3"
4"
5"
6"

Daily planner

M T W T F S S   DATE :

TODAY'S PRIORITIES

TO-DO LIST

- [ ]
- [ ]
- [ ]
- [ ]
- [ ]
- [ ]

SCHEDULE

TODAY I'M GRATEFUL FOR

7"
8"
9"
10"
11"
12"
1"
2"
3"
4"
5"
6"

Daily planner

M T W T F S S DATE:

TODAY'S PRIORITIES

TO-DO LIST

- [ ]
- [ ]
- [ ]
- [ ]
- [ ]
- [ ]

SCHEDULE

TODAY I'M GRATEFUL FOR

7"

8"

9"

10"

11"

12"

1"

2"

3"

4"

5"

6"

Daily planner

M T W T F S S   DATE :

TODAY'S PRIORITIES

TO-DO LIST

- [ ]
- [ ]
- [ ]
- [ ]
- [ ]
- [ ]

SCHEDULE

TODAY I'M GRATEFUL FOR

7"
8"
9"
10"
11"
12"
1"
2"
3"
4"
5"
6"

Daily planner

M T W T F S S   DATE :

TODAY'S PRIORITIES

TO-DO LIST

- [ ]
- [ ]
- [ ]
- [ ]
- [ ]
- [ ]

SCHEDULE

TODAY I'M GRATEFUL FOR

7"
8"
9"
10"
11"
12"
1"
2"
3"
4"
5"
6"

Daily planner

M T W T F S S   DATE :

TODAY'S PRIORITIES

TO-DO LIST

- [ ]
- [ ]
- [ ]
- [ ]
- [ ]
- [ ]

SCHEDULE

TODAY I'M GRATEFUL FOR

7"

8"

9"

10"

11"

12"

1"

2"

3"

4"

5"

6"

Daily planner

M T W T F S S DATE :

TODAY'S PRIORITIES

TO-DO LIST

- [ ]
- [ ]
- [ ]
- [ ]
- [ ]
- [ ]

SCHEDULE

TODAY I'M GRATEFUL FOR

7"
8"
9"
10"
11"
12"
1"
2"
3"
4"
5"
6"

Daily planner

M T W T F S S   DATE :

TODAY'S PRIORITIES

TO-DO LIST

- [ ]
- [ ]
- [ ]
- [ ]
- [ ]
- [ ]

SCHEDULE

TODAY I'M GRATEFUL FOR

7"
8"
9"
10"
11"
12"
1"
2"
3"
4"
5"
6"

Daily planner

M T W T F S S DATE :

TODAY'S PRIORITIES

TO-DO LIST

- [ ]
- [ ]
- [ ]
- [ ]
- [ ]
- [ ]

SCHEDULE

TODAY I'M GRATEFUL FOR

7"
8"
9"
10"
11"
12"
1"
2"
3"
4"
5"
6"

Daily planner

M T W T F S S   DATE :

TODAY'S PRIORITIES

TO-DO LIST

- [ ]
- [ ]
- [ ]
- [ ]
- [ ]
- [ ]

SCHEDULE

TODAY I'M GRATEFUL FOR

7"

8"

9"

10"

11"

12"

1"

2"

3"

4"

5"

6"

Daily planner

M T W T F S S   DATE :

TODAY'S PRIORITIES

TO-DO LIST

- [ ]
- [ ]
- [ ]
- [ ]
- [ ]
- [ ]

SCHEDULE

TODAY I'M GRATEFUL FOR

7"

8"

9"

10"

11"

12"

1"

2"

3"

4"

5"

6"

Daily planner

M T W T F S S   DATE :

TODAY'S PRIORITIES

TO-DO LIST

- [ ]
- [ ]
- [ ]
- [ ]
- [ ]
- [ ]

SCHEDULE

TODAY I'M GRATEFUL FOR

7"
8"
9"
10"
11"
12"
1"
2"
3"
4"
5"
6"

Daily planner

M T W T F S S   DATE :

TODAY'S PRIORITIES

TO-DO LIST

- [ ]
- [ ]
- [ ]
- [ ]
- [ ]
- [ ]

SCHEDULE

TODAY I'M GRATEFUL FOR

7"
8"
9"
10"
11"
12"
1"
2"
3"
4"
5"
6"

Daily planner

M T W T F S S   DATE :

TODAY'S PRIORITIES

TO-DO LIST

- [ ]
- [ ]
- [ ]
- [ ]
- [ ]
- [ ]

SCHEDULE

TODAY I'M GRATEFUL FOR

7"

8"

9"

10"

11"

12"

1"

2"

3"

4"

5"

6"

Daily planner

M T W T F S S DATE:

TODAY'S PRIORITIES

TO-DO LIST

- [ ]
- [ ]
- [ ]
- [ ]
- [ ]
- [ ]

SCHEDULE

TODAY I'M GRATEFUL FOR

7"
8"
9"
10"
11"
12"
1"
2"
3"
4"
5"
6"

Daily planner

M T W T F S S   DATE :

TODAY'S PRIORITIES

TO-DO LIST

- [ ]
- [ ]
- [ ]
- [ ]
- [ ]
- [ ]

SCHEDULE

7"
8"
9"
10"
11"
12"
1"
2"
3"
4"
5"
6"

TODAY I'M GRATEFUL FOR

Daily planner

M T W T F S S   DATE :

TODAY'S PRIORITIES

TO-DO LIST

- [ ]
- [ ]
- [ ]
- [ ]
- [ ]
- [ ]

SCHEDULE

TODAY I'M GRATEFUL FOR

7"
8"
9"
10"
11"
12"
1"
2"
3"
4"
5"
6"

Daily planner

M T W T F S S   DATE :

TODAY'S PRIORITIES

TO-DO LIST

- [ ]
- [ ]
- [ ]
- [ ]
- [ ]
- [ ]

SCHEDULE

TODAY I'M GRATEFUL FOR

7"

8"

9"

10"

11"

12"

1"

2"

3"

4"

5"

6"

Daily planner

M T W T F S S DATE:

TODAY'S PRIORITIES

TO-DO LIST

- [ ]
- [ ]
- [ ]
- [ ]
- [ ]
- [ ]

SCHEDULE

TODAY I'M GRATEFUL FOR

7"

8"

9"

10"

11"

12"

1"

2"

3"

4"

5"

6"

Daily planner

M T W T F S S   DATE :

TODAY'S PRIORITIES

TO-DO LIST

- [ ]
- [ ]
- [ ]
- [ ]
- [ ]
- [ ]

SCHEDULE

TODAY I'M GRATEFUL FOR

7"
8"
9"
10"
11"
12"
1"
2"
3"
4"
5"
6"

Daily planner

M T W T F S S   DATE :

TODAY'S PRIORITIES

TO-DO LIST

- [ ]
- [ ]
- [ ]
- [ ]
- [ ]
- [ ]

SCHEDULE

TODAY I'M GRATEFUL FOR

7"
8"
9"
10"
11"
12"
1"
2"
3"
4"
5"
6"

Daily planner

M T W T F S S   DATE :

TODAY'S PRIORITIES

TO-DO LIST

- [ ]
- [ ]
- [ ]
- [ ]
- [ ]
- [ ]

SCHEDULE

TODAY I'M GRATEFUL FOR

7"

8"

9"

10"

11"

12"

1"

2"

3"

4"

5"

6"

Daily planner

M T W T F S S   DATE :

TODAY'S PRIORITIES

TO-DO LIST

- [ ]
- [ ]
- [ ]
- [ ]
- [ ]
- [ ]

SCHEDULE

TODAY I'M GRATEFUL FOR

7"
8"
9"
10"
11"
12"
1"
2"
3"
4"
5"
6"

Daily planner

M T W T F S S   DATE :

TODAY'S PRIORITIES

TO-DO LIST

- [ ]
- [ ]
- [ ]
- [ ]
- [ ]
- [ ]

SCHEDULE

TODAY I'M GRATEFUL FOR

7"

8"

9"

10"

11"

12"

1"

2"

3"

4"

5"

6"

Daily planner

M T W T F S S   DATE :

TODAY'S PRIORITIES

TO-DO LIST

- [ ]
- [ ]
- [ ]
- [ ]
- [ ]
- [ ]

SCHEDULE

7"
8"
9"
10"
11"
12"
1"
2"
3"
4"
5"
6"

TODAY I'M GRATEFUL FOR

Daily planner

M T W T F S S   DATE:

TODAY'S PRIORITIES

TO-DO LIST

- [ ]
- [ ]
- [ ]
- [ ]
- [ ]
- [ ]

SCHEDULE

TODAY I'M GRATEFUL FOR

7"

8"

9"

10"

11"

12"

1"

2"

3"

4"

5"

6"

Daily planner   M T W T F S S   DATE :

TODAY'S PRIORITIES

TO-DO LIST

- [ ]
- [ ]
- [ ]
- [ ]
- [ ]
- [ ]

SCHEDULE

TODAY I'M GRATEFUL FOR

7"

8"

9"

10"

11"

12"

1"

2"

3"

4"

5"

6"

Daily planner

M T W T F S S   DATE :

TODAY'S PRIORITIES

TO-DO LIST

- [ ]
- [ ]
- [ ]
- [ ]
- [ ]
- [ ]

SCHEDULE

TODAY I'M GRATEFUL FOR

7"

8"

9"

10"

11"

12"

1"

2"

3"

4"

5"

6"

Daily planner

M T W T F S S   DATE :

TODAY'S PRIORITIES

TO-DO LIST

- [ ]
- [ ]
- [ ]
- [ ]
- [ ]
- [ ]

SCHEDULE

TODAY I'M GRATEFUL FOR

7"
8"
9"
10"
11"
12"
1"
2"
3"
4"
5"
6"

Daily planner

M T W T F S S   DATE :

TODAY'S PRIORITIES

TO-DO LIST

- [ ]
- [ ]
- [ ]
- [ ]
- [ ]
- [ ]

SCHEDULE

TODAY I'M GRATEFUL FOR

7"

8"

9"

10"

11"

12"

1"

2"

3"

4"

5"

6"

Daily planner

M T W T F S S   DATE :

TODAY'S PRIORITIES

TO-DO LIST

- [ ]
- [ ]
- [ ]
- [ ]
- [ ]
- [ ]

SCHEDULE

7"
8"
9"
10"
11"
12"
1"
2"
3"
4"
5"
6"

TODAY I'M GRATEFUL FOR

Daily planner

M T W T F S S DATE :

TODAY'S PRIORITIES

TO-DO LIST

- [ ]
- [ ]
- [ ]
- [ ]
- [ ]
- [ ]

SCHEDULE

TODAY I'M GRATEFUL FOR

7"
8"
9"
10"
11"
12"
1"
2"
3"
4"
5"
6"

Daily planner

M T W T F S S   DATE :

TODAY'S PRIORITIES

TO-DO LIST

☐

☐

☐

☐

☐

☐

SCHEDULE

TODAY I'M GRATEFUL FOR

7"

8"

9"

10"

11"

12"

1"

2"

3"

4"

5"

6"

Daily planner

M T W T F S S   DATE :

TODAY'S PRIORITIES

TO-DO LIST

- [ ]
- [ ]
- [ ]
- [ ]
- [ ]
- [ ]

SCHEDULE

TODAY I'M GRATEFUL FOR

7"

8"

9"

10"

11"

12"

1"

2"

3"

4"

5"

6"

Daily planner

M T W T F S S   DATE :

TODAY'S PRIORITIES

TO-DO LIST

- [ ]
- [ ]
- [ ]
- [ ]
- [ ]
- [ ]

SCHEDULE

TODAY I'M GRATEFUL FOR

7"

8"

9"

10"

11"

12"

1"

2"

3"

4"

5"

6"

Daily planner

M T W T F S S   DATE :

TODAY'S PRIORITIES

TO-DO LIST

- [ ]
- [ ]
- [ ]
- [ ]
- [ ]
- [ ]

SCHEDULE

TODAY I'M GRATEFUL FOR

7"
8"
9"
10"
11"
12"
1"
2"
3"
4"
5"
6"

Daily planner

M T W T F S S   DATE :

TODAY'S PRIORITIES

TO-DO LIST

- [ ]
- [ ]
- [ ]
- [ ]
- [ ]
- [ ]

SCHEDULE

TODAY I'M GRATEFUL FOR

7"

8"

9"

10"

11"

12"

1"

2"

3"

4"

5"

6"

Daily planner

M T W T F S S   DATE :

TODAY'S PRIORITIES

TO-DO LIST

- [ ]
- [ ]
- [ ]
- [ ]
- [ ]
- [ ]

SCHEDULE

TODAY I'M GRATEFUL FOR

7"

8"

9"

10"

11"

12"

1"

2"

3"

4"

5"

6"

Daily planner

M T W T F S S   DATE :

TODAY'S PRIORITIES

TO-DO LIST

- [ ]
- [ ]
- [ ]
- [ ]
- [ ]
- [ ]

SCHEDULE

TODAY I'M GRATEFUL FOR

7"
8"
9"
10"
11"
12"
1"
2"
3"
4"
5"
6"

Daily planner

M T W T F S S   DATE :

TODAY'S PRIORITIES

TO-DO LIST

- [ ]
- [ ]
- [ ]
- [ ]
- [ ]
- [ ]

SCHEDULE

TODAY I'M GRATEFUL FOR

7"
8"
9"
10"
11"
12"
1"
2"
3"
4"
5"
6"

Daily planner

M T W T F S S   DATE :

TODAY'S PRIORITIES

TO-DO LIST

- [ ]
- [ ]
- [ ]
- [ ]
- [ ]
- [ ]

SCHEDULE

TODAY I'M GRATEFUL FOR

7"
8"
9"
10"
11"
12"
1"
2"
3"
4"
5"
6"

Daily planner

M T W T F S S   DATE :

TODAY'S PRIORITIES

TO-DO LIST

- [ ]
- [ ]
- [ ]
- [ ]
- [ ]
- [ ]

SCHEDULE

TODAY I'M GRATEFUL FOR

7"

8"

9"

10"

11"

12"

1"

2"

3"

4"

5"

6"

Daily planner

M T W T F S S   DATE :

TODAY'S PRIORITIES

TO-DO LIST

- [ ]
- [ ]
- [ ]
- [ ]
- [ ]
- [ ]

SCHEDULE

TODAY I'M GRATEFUL FOR

7"

8"

9"

10"

11"

12"

1"

2"

3"

4"

5"

6"

Daily planner

M T W T F S S   DATE :

TODAY'S PRIORITIES

TO-DO LIST

- [ ]
- [ ]
- [ ]
- [ ]
- [ ]
- [ ]

SCHEDULE

TODAY I'M GRATEFUL FOR

7"
8"
9"
10"
11"
12"
1"
2"
3"
4"
5"
6"

Daily planner

M T W T F S S   DATE :

TODAY'S PRIORITIES

TO-DO LIST

- [ ]
- [ ]
- [ ]
- [ ]
- [ ]
- [ ]

SCHEDULE

TODAY I'M GRATEFUL FOR

7"
8"
9"
10"
11"
12"
1"
2"
3"
4"
5"
6"

Daily planner

M T W T F S S   DATE :

TODAY'S PRIORITIES

TO-DO LIST

- [ ]
- [ ]
- [ ]
- [ ]
- [ ]
- [ ]

SCHEDULE

TODAY I'M GRATEFUL FOR

7"

8"

9"

10"

11"

12"

1"

2"

3"

4"

5"

6"

Daily planner

M T W T F S S   DATE :

TODAY'S PRIORITIES

TO-DO LIST

- [ ]
- [ ]
- [ ]
- [ ]
- [ ]
- [ ]

SCHEDULE

TODAY I'M GRATEFUL FOR

7"
8"
9"
10"
11"
12"
1"
2"
3"
4"
5"
6"

Daily planner

M T W T F S S   DATE :

TODAY'S PRIORITIES

TO-DO LIST

- [ ]
- [ ]
- [ ]
- [ ]
- [ ]
- [ ]

SCHEDULE

TODAY I'M GRATEFUL FOR

7"
8"
9"
10"
11"
12"
1"
2"
3"
4"
5"
6"

Daily planner

M T W T F S S   DATE :

TODAY'S PRIORITIES

TO-DO LIST

- [ ]
- [ ]
- [ ]
- [ ]
- [ ]
- [ ]

SCHEDULE

7"
8"
9"
10"
11"
12"
1"
2"
3"
4"
5"
6"

TODAY I'M GRATEFUL FOR

Daily planner

M T W T F S S   DATE :

TODAY'S PRIORITIES

TO-DO LIST

- [ ]
- [ ]
- [ ]
- [ ]
- [ ]
- [ ]

SCHEDULE

TODAY I'M GRATEFUL FOR

7"

8"

9"

10"

11"

12"

1"

2"

3"

4"

5"

6"

Daily planner

M T W T F S S   DATE :

TODAY'S PRIORITIES

TO-DO LIST

- [ ]
- [ ]
- [ ]
- [ ]
- [ ]
- [ ]

SCHEDULE

TODAY I'M GRATEFUL FOR

7"

8"

9"

10"

11"

12"

1"

2"

3"

4"

5"

6"

Daily planner

M T W T F S S   DATE :

TODAY'S PRIORITIES

TO-DO LIST

- [ ]
- [ ]
- [ ]
- [ ]
- [ ]
- [ ]

SCHEDULE

7"
8"
9"
10"
11"
12"
1"
2"
3"
4"
5"
6"

TODAY I'M GRATEFUL FOR

Daily planner

M T W T F S S   DATE:

TODAY'S PRIORITIES

TO-DO LIST

☐

☐

☐

☐

☐

☐

SCHEDULE

TODAY I'M GRATEFUL FOR

7"

8"

9"

10"

11"

12"

1"

2"

3"

4"

5"

6"

Daily planner

M T W T F S S   DATE :

TODAY'S PRIORITIES

TO-DO LIST

- [ ]
- [ ]
- [ ]
- [ ]
- [ ]
- [ ]

SCHEDULE

TODAY I'M GRATEFUL FOR

7"

8"

9"

10"

11"

12"

1"

2"

3"

4"

5"

6"

Daily planner

M T W T F S S   DATE :

TODAY'S PRIORITIES

TO-DO LIST

- [ ]
- [ ]
- [ ]
- [ ]
- [ ]
- [ ]

SCHEDULE

TODAY I'M GRATEFUL FOR

7"
8"
9"
10"
11"
12"
1"
2"
3"
4"
5"
6"

Daily planner

M T W T F S S   DATE :

TODAY'S PRIORITIES

TO-DO LIST
- [ ]
- [ ]
- [ ]
- [ ]
- [ ]
- [ ]

SCHEDULE

7"
8"
9"
10"
11"
12"
1"
2"
3"
4"
5"
6"

TODAY I'M GRATEFUL FOR

Daily planner

M T W T F S S   DATE:

TODAY'S PRIORITIES

TO-DO LIST

- [ ]
- [ ]
- [ ]
- [ ]
- [ ]
- [ ]

SCHEDULE

TODAY I'M GRATEFUL FOR

7"
8"
9"
10"
11"
12"
1"
2"
3"
4"
5"
6"

Daily planner

M T W T F S S   DATE :

TODAY'S PRIORITIES

TO-DO LIST

- [ ]
- [ ]
- [ ]
- [ ]
- [ ]
- [ ]

SCHEDULE

TODAY I'M GRATEFUL FOR

7"

8"

9"

10"

11"

12"

1"

2"

3"

4"

5"

6"

Daily planner

M T W T F S S   DATE :

TODAY'S PRIORITIES

TO-DO LIST

- [ ]
- [ ]
- [ ]
- [ ]
- [ ]
- [ ]

SCHEDULE

TODAY I'M GRATEFUL FOR

7"
8"
9"
10"
11"
12"
1"
2"
3"
4"
5"
6"

Daily planner

M T W T F S S   DATE :

TODAY'S PRIORITIES

TO-DO LIST

- [ ]
- [ ]
- [ ]
- [ ]
- [ ]
- [ ]

SCHEDULE

TODAY I'M GRATEFUL FOR

7"
8"
9"
10"
11"
12"
1"
2"
3"
4"
5"
6"

Daily planner

M T W T F S S   DATE :

TODAY'S PRIORITIES

TO-DO LIST

- [ ]
- [ ]
- [ ]
- [ ]
- [ ]
- [ ]

SCHEDULE

7"
8"
9"
10"
11"
12"
1"
2"
3"
4"
5"
6"

TODAY I'M GRATEFUL FOR

Daily planner

M T W T F S S   DATE :

TODAY'S PRIORITIES

TO-DO LIST

- [ ]
- [ ]
- [ ]
- [ ]
- [ ]
- [ ]

SCHEDULE

TODAY I'M GRATEFUL FOR

7"

8"

9"

10"

11"

12"

1"

2"

3"

4"

5"

6"

Daily planner

M T W T F S S   DATE :

TODAY'S PRIORITIES

TO-DO LIST

- [ ]
- [ ]
- [ ]
- [ ]
- [ ]
- [ ]

SCHEDULE

7"
8"
9"
10"
11"
12"
1"
2"
3"
4"
5"
6"

TODAY I'M GRATEFUL FOR

Daily planner

M T W T F S S   DATE :

TODAY'S PRIORITIES

TO-DO LIST

- [ ]
- [ ]
- [ ]
- [ ]
- [ ]
- [ ]

SCHEDULE

TODAY I'M GRATEFUL FOR

7"

8"

9"

10"

11"

12"

1"

2"

3"

4"

5"

6"

Daily planner

M T W T F S S   DATE:

TODAY'S PRIORITIES

TO-DO LIST

- [ ]
- [ ]
- [ ]
- [ ]
- [ ]
- [ ]

SCHEDULE

TODAY I'M GRATEFUL FOR

7"
8"
9"
10"
11"
12"
1"
2"
3"
4"
5"
6"

Daily planner

M T W T F S S   DATE :

TODAY'S PRIORITIES

TO-DO LIST

- [ ]
- [ ]
- [ ]
- [ ]
- [ ]
- [ ]

SCHEDULE

TODAY I'M GRATEFUL FOR

7"

8"

9"

10"

11"

12"

1"

2"

3"

4"

5"

6"

Daily planner

M T W T F S S   DATE :

TODAY'S PRIORITIES

TO-DO LIST

- [ ]
- [ ]
- [ ]
- [ ]
- [ ]
- [ ]

SCHEDULE

TODAY I'M GRATEFUL FOR

7"
8"
9"
10"
11"
12"
1"
2"
3"
4"
5"
6"

Daily planner

M T W T F S S   DATE :

TODAY'S PRIORITIES

TO-DO LIST

- [ ]
- [ ]
- [ ]
- [ ]
- [ ]
- [ ]

SCHEDULE

TODAY I'M GRATEFUL FOR

7"

8"

9"

10"

11"

12"

1"

2"

3"

4"

5"

6"

Daily planner

M T W T F S S   DATE:

TODAY'S PRIORITIES

TO-DO LIST

- [ ]
- [ ]
- [ ]
- [ ]
- [ ]
- [ ]

SCHEDULE

TODAY I'M GRATEFUL FOR

7"
8"
9"
10"
11"
12"
1"
2"
3"
4"
5"
6"

Daily planner

M T W T F S S   DATE :

TODAY'S PRIORITIES

TO-DO LIST
- [ ]
- [ ]
- [ ]
- [ ]
- [ ]
- [ ]

SCHEDULE

TODAY I'M GRATEFUL FOR

7"

8"

9"

10"

11"

12"

1"

2"

3"

4"

5"

6"

Daily planner

M T W T F S S   DATE :

TODAY'S PRIORITIES

TO-DO LIST
- [ ]
- [ ]
- [ ]
- [ ]
- [ ]
- [ ]

SCHEDULE

TODAY I'M GRATEFUL FOR

7"
8"
9"
10"
11"
12"
1"
2"
3"
4"
5"
6"

Daily planner

M T W T F S S   DATE :

TODAY'S PRIORITIES

TO-DO LIST

- [ ]
- [ ]
- [ ]
- [ ]
- [ ]
- [ ]

SCHEDULE

TODAY I'M GRATEFUL FOR

7"

8"

9"

10"

11"

12"

1"

2"

3"

4"

5"

6"

Daily planner

M T W T F S S   DATE:

TODAY'S PRIORITIES

TO-DO LIST

- [ ]
- [ ]
- [ ]
- [ ]
- [ ]
- [ ]

SCHEDULE

TODAY I'M GRATEFUL FOR

7"
8"
9"
10"
11"
12"
1"
2"
3"
4"
5"
6"

Daily planner

M T W T F S S   DATE :

TODAY'S PRIORITIES

TO-DO LIST

- [ ]
- [ ]
- [ ]
- [ ]
- [ ]
- [ ]

SCHEDULE

TODAY I'M GRATEFUL FOR

7"

8"

9"

10"

11"

12"

1"

2"

3"

4"

5"

6"

Daily planner

M T W T F S S   DATE :

TODAY'S PRIORITIES

TO-DO LIST

- [ ]
- [ ]
- [ ]
- [ ]
- [ ]
- [ ]

SCHEDULE

7"
8"
9"
10"
11"
12"
1"
2"
3"
4"
5"
6"

TODAY I'M GRATEFUL FOR

Daily planner

M T W T F S S   DATE :

TODAY'S PRIORITIES

TO-DO LIST

- [ ]
- [ ]
- [ ]
- [ ]
- [ ]
- [ ]

SCHEDULE

TODAY I'M GRATEFUL FOR

7"
8"
9"
10"
11"
12"
1"
2"
3"
4"
5"
6"

Daily planner

M T W T F S S   DATE :

TODAY'S PRIORITIES

TO-DO LIST

- [ ]
- [ ]
- [ ]
- [ ]
- [ ]
- [ ]

SCHEDULE

TODAY I'M GRATEFUL FOR

7"
8"
9"
10"
11"
12"
1"
2"
3"
4"
5"
6"

Daily planner

M T W T F S S   DATE :

TODAY'S PRIORITIES

TO-DO LIST

☐

☐

☐

☐

☐

☐

SCHEDULE

TODAY I'M GRATEFUL FOR

7"

8"

9"

10"

11"

12"

1"

2"

3"

4"

5"

6"

Daily planner

M T W T F S S   DATE :

TODAY'S PRIORITIES

TO-DO LIST

- [ ]
- [ ]
- [ ]
- [ ]
- [ ]
- [ ]

SCHEDULE

TODAY I'M GRATEFUL FOR

7"
8"
9"
10"
11"
12"
1"
2"
3"
4"
5"
6"

Daily planner

M T W T F S S   DATE:

TODAY'S PRIORITIES

TO-DO LIST

- [ ]
- [ ]
- [ ]
- [ ]
- [ ]
- [ ]

SCHEDULE

TODAY I'M GRATEFUL FOR

7"

8"

9"

10"

11"

12"

1"

2"

3"

4"

5"

6"

Daily planner

M T W T F S S   DATE :

TODAY'S PRIORITIES

TO-DO LIST

- [ ]
- [ ]
- [ ]
- [ ]
- [ ]
- [ ]

SCHEDULE

7"
8"
9"
10"
11"
12"
1"
2"
3"
4"
5"
6"

TODAY I'M GRATEFUL FOR

Daily planner

M T W T F S S   DATE :

TODAY'S PRIORITIES

TO-DO LIST

- [ ]
- [ ]
- [ ]
- [ ]
- [ ]
- [ ]

SCHEDULE

TODAY I'M GRATEFUL FOR

7"

8"

9"

10"

11"

12"

1"

2"

3"

4"

5"

6"

Daily planner

M T W T F S S   DATE:

TODAY'S PRIORITIES

TO-DO LIST

- [ ]
- [ ]
- [ ]
- [ ]
- [ ]
- [ ]

SCHEDULE

TODAY I'M GRATEFUL FOR

7"
8"
9"
10"
11"
12"
1"
2"
3"
4"
5"
6"

Daily planner

M T W T F S S   DATE :

TODAY'S PRIORITIES

TO-DO LIST

- [ ]
- [ ]
- [ ]
- [ ]
- [ ]
- [ ]

SCHEDULE

TODAY I'M GRATEFUL FOR

7"
8"
9"
10"
11"
12"
1"
2"
3"
4"
5"
6"

Daily planner

M T W T F S S   DATE :

TODAY'S PRIORITIES

TO-DO LIST

- [ ]
- [ ]
- [ ]
- [ ]
- [ ]
- [ ]

SCHEDULE

TODAY I'M GRATEFUL FOR

7"

8"

9"

10"

11"

12"

1"

2"

3"

4"

5"

6"

Daily planner

M T W T F S S   DATE :

TODAY'S PRIORITIES

TO-DO LIST

- [ ]
- [ ]
- [ ]
- [ ]
- [ ]
- [ ]

SCHEDULE

TODAY I'M GRATEFUL FOR

7"

8"

9"

10"

11"

12"

1"

2"

3"

4"

5"

6"

Daily planner

M T W T F S S   DATE:

TODAY'S PRIORITIES

TO-DO LIST

- [ ]
- [ ]
- [ ]
- [ ]
- [ ]
- [ ]

SCHEDULE

TODAY I'M GRATEFUL FOR

7"
8"
9"
10"
11"
12"
1"
2"
3"
4"
5"
6"

Daily planner

M T W T F S S   DATE :

TODAY'S PRIORITIES

TO-DO LIST

- [ ]
- [ ]
- [ ]
- [ ]
- [ ]
- [ ]

SCHEDULE

TODAY I'M GRATEFUL FOR

7"
8"
9"
10"
11"
12"
1"
2"
3"
4"
5"
6"

Daily planner

M T W T F S S   DATE :

TODAY'S PRIORITIES

TO-DO LIST

- [ ]
- [ ]
- [ ]
- [ ]
- [ ]
- [ ]

SCHEDULE

TODAY I'M GRATEFUL FOR

7"

8"

9"

10"

11"

12"

1"

2"

3"

4"

5"

6"

Daily planner

M T W T F S S   DATE :

TODAY'S PRIORITIES

TO-DO LIST

- [ ]
- [ ]
- [ ]
- [ ]
- [ ]
- [ ]

SCHEDULE

TODAY I'M GRATEFUL FOR

7"

8"

9"

10"

11"

12"

1"

2"

3"

4"

5"

6"

Daily planner

M T W T F S S   DATE :

TODAY'S PRIORITIES

TO-DO LIST

- [ ]
- [ ]
- [ ]
- [ ]
- [ ]
- [ ]

SCHEDULE

7"
8"
9"
10"
11"
12"
1"
2"
3"
4"
5"
6"

TODAY I'M GRATEFUL FOR

Daily planner

M T W T F S S   DATE:

TODAY'S PRIORITIES

TO-DO LIST

- [ ]
- [ ]
- [ ]
- [ ]
- [ ]
- [ ]

SCHEDULE

TODAY I'M GRATEFUL FOR

7"
8"
9"
10"
11"
12"
1"
2"
3"
4"
5"
6"

Daily planner

M T W T F S S   DATE :

TODAY'S PRIORITIES

TO-DO LIST

- [ ]
- [ ]
- [ ]
- [ ]
- [ ]
- [ ]

SCHEDULE

TODAY I'M GRATEFUL FOR

7"
8"
9"
10"
11"
12"
1"
2"
3"
4"
5"
6"

Daily planner

M T W T F S S   DATE :

TODAY'S PRIORITIES

TO-DO LIST

- [ ]
- [ ]
- [ ]
- [ ]
- [ ]
- [ ]

SCHEDULE

7"
8"
9"
10"
11"
12"
1"
2"
3"
4"
5"
6"

TODAY I'M GRATEFUL FOR

Daily planner

M T W T F S S   DATE :

TODAY'S PRIORITIES

TO-DO LIST

- [ ]
- [ ]
- [ ]
- [ ]
- [ ]
- [ ]

SCHEDULE

TODAY I'M GRATEFUL FOR

7"
8"
9"
10"
11"
12"
1"
2"
3"
4"
5"
6"

Daily planner

M T W T F S S   DATE :

TODAY'S PRIORITIES

TO-DO LIST

- [ ]
- [ ]
- [ ]
- [ ]
- [ ]
- [ ]

SCHEDULE

TODAY I'M GRATEFUL FOR

7"
8"
9"
10"
11"
12"
1"
2"
3"
4"
5"
6"

Daily planner

M T W T F S S   DATE :

TODAY'S PRIORITIES

TO-DO LIST

- [ ]
- [ ]
- [ ]
- [ ]
- [ ]
- [ ]

SCHEDULE

TODAY I'M GRATEFUL FOR

7"
8"
9"
10"
11"
12"
1"
2"
3"
4"
5"
6"

Daily planner

M T W T F S S DATE :

TODAY'S PRIORITIES

TO-DO LIST

- [ ]
- [ ]
- [ ]
- [ ]
- [ ]
- [ ]

SCHEDULE

TODAY I'M GRATEFUL FOR

7"

8"

9"

10"

11"

12"

1"

2"

3"

4"

5"

6"

Daily planner

M T W T F S S   DATE :

TODAY'S PRIORITIES

TO-DO LIST

- [ ]
- [ ]
- [ ]
- [ ]
- [ ]
- [ ]

SCHEDULE

TODAY I'M GRATEFUL FOR

7"
8"
9"
10"
11"
12"
1"
2"
3"
4"
5"
6"

Daily planner

M T W T F S S   DATE :

TODAY'S PRIORITIES

TO-DO LIST

☐

☐

☐

☐

☐

☐

SCHEDULE

TODAY I'M GRATEFUL FOR

7"

8"

9"

10"

11"

12"

1"

2"

3"

4"

5"

6"

Daily planner

M T W T F S S   DATE :

TODAY'S PRIORITIES

TO-DO LIST

- [ ]
- [ ]
- [ ]
- [ ]
- [ ]
- [ ]

SCHEDULE

TODAY I'M GRATEFUL FOR

7"
8"
9"
10"
11"
12"
1"
2"
3"
4"
5"
6"

Daily planner

M T W T F S S   DATE :

TODAY'S PRIORITIES

TO-DO LIST

- [ ]
- [ ]
- [ ]
- [ ]
- [ ]
- [ ]

SCHEDULE

TODAY I'M GRATEFUL FOR

7"

8"

9"

10"

11"

12"

1"

2"

3"

4"

5"

6"

Daily planner

M T W T F S S   DATE:

TODAY'S PRIORITIES

TO-DO LIST

- [ ]
- [ ]
- [ ]
- [ ]
- [ ]
- [ ]

SCHEDULE

TODAY I'M GRATEFUL FOR

7"
8"
9"
10"
11"
12"
1"
2"
3"
4"
5"
6"

Daily planner

M T W T F S S   DATE :

TODAY'S PRIORITIES

TO-DO LIST

- [ ]
- [ ]
- [ ]
- [ ]
- [ ]
- [ ]

SCHEDULE

7"
8"
9"
10"
11"
12"
1"
2"
3"
4"
5"
6"

TODAY I'M GRATEFUL FOR

Daily planner

M T W T F S S   DATE :

TODAY'S PRIORITIES

TO-DO LIST

- [ ]
- [ ]
- [ ]
- [ ]
- [ ]
- [ ]

SCHEDULE

7"
8"
9"
10"
11"
12"
1"
2"
3"
4"
5"
6"

TODAY I'M GRATEFUL FOR

Daily planner

M T W T F S S   DATE :

TODAY'S PRIORITIES

TO-DO LIST

- [ ]
- [ ]
- [ ]
- [ ]
- [ ]
- [ ]

SCHEDULE

TODAY I'M GRATEFUL FOR

7"

8"

9"

10"

11"

12"

1"

2"

3"

4"

5"

6"

Daily planner

M T W T F S S   DATE:

TODAY'S PRIORITIES

TO-DO LIST

- [ ]
- [ ]
- [ ]
- [ ]
- [ ]
- [ ]

SCHEDULE

TODAY I'M GRATEFUL FOR

7"
8"
9"
10"
11"
12"
1"
2"
3"
4"
5"
6"

Daily planner

M T W T F S S   DATE :

TODAY'S PRIORITIES

TO-DO LIST

- [ ]
- [ ]
- [ ]
- [ ]
- [ ]
- [ ]

SCHEDULE

TODAY I'M GRATEFUL FOR

7"

8"

9"

10"

11"

12"

1"

2"

3"

4"

5"

6"

Daily planner

M T W T F S S   DATE :

TODAY'S PRIORITIES

TO-DO LIST

- [ ]
- [ ]
- [ ]
- [ ]
- [ ]
- [ ]

SCHEDULE

TODAY I'M GRATEFUL FOR

7"

8"

9"

10"

11"

12"

1"

2"

3"

4"

5"

6"

Daily planner

M T W T F S S   DATE :

TODAY'S PRIORITIES

TO-DO LIST

- [ ]
- [ ]
- [ ]
- [ ]
- [ ]
- [ ]

SCHEDULE

TODAY I'M GRATEFUL FOR

7"

8"

9"

10"

11"

12"

1"

2"

3"

4"

5"

6"

Daily planner

M T W T F S S   DATE:

TODAY'S PRIORITIES

TO-DO LIST

- [ ]
- [ ]
- [ ]
- [ ]
- [ ]
- [ ]

SCHEDULE

TODAY I'M GRATEFUL FOR

7"
8"
9"
10"
11"
12"
1"
2"
3"
4"
5"
6"

Daily planner

M T W T F S S   DATE :

TODAY'S PRIORITIES

TO-DO LIST

- [ ]
- [ ]
- [ ]
- [ ]
- [ ]
- [ ]

SCHEDULE

TODAY I'M GRATEFUL FOR

7"

8"

9"

10"

11"

12"

1"

2"

3"

4"

5"

6"

Daily planner

M T W T F S S   DATE :

TODAY'S PRIORITIES

TO-DO LIST
- [ ]
- [ ]
- [ ]
- [ ]
- [ ]
- [ ]

SCHEDULE

7"
8"
9"
10"
11"
12"
1"
2"
3"
4"
5"
6"

TODAY I'M GRATEFUL FOR

Daily planner

M T W T F S S   DATE :

TODAY'S PRIORITIES

TO-DO LIST

- [ ]
- [ ]
- [ ]
- [ ]
- [ ]
- [ ]

SCHEDULE

TODAY I'M GRATEFUL FOR

7"

8"

9"

10"

11"

12"

1"

2"

3"

4"

5"

6"

Daily planner

M T W T F S S   DATE:

TODAY'S PRIORITIES

TO-DO LIST

- [ ]
- [ ]
- [ ]
- [ ]
- [ ]
- [ ]

SCHEDULE

TODAY I'M GRATEFUL FOR

7"
8"
9"
10"
11"
12"
1"
2"
3"
4"
5"
6"

Daily planner

M T W T F S S   DATE :

TODAY'S PRIORITIES

TO-DO LIST

- [ ]
- [ ]
- [ ]
- [ ]
- [ ]
- [ ]

SCHEDULE

7"

8"

9"

10"

11"

12"

1"

2"

3"

4"

5"

6"

TODAY I'M GRATEFUL FOR